7 modi per gestire e affrontare l'Ansia

Arundelli Antonello

introduzione

Sentire ansia è una reazione naturale del corpo umano di fronte a situazioni di pericolo o incertezza. In realtà, l'ansia può aiutare a migliorare le prestazioni in determinate situazioni, come ad esempio durante un evento pubblico. Gli psicologi affermano che l'ansia è una risposta naturale dello stress e può attivare un sistema nel cervello che ne massimizza il rendimento.

Tuttavia, non tutte le sensazioni di ansia sono normali o benefiche. L'ansia può diventare un problema quando diventa eccessiva o persistente, interferendo con la vita quotidiana e causando stress e disagio. In questi casi, può essere utile rivolgersi a uno specialista per ricevere supporto e trattamento adeguato.

Detto ciò, non tutti i sentimenti di ansia sono normali. Per alcuni, questi sentimenti possono essere ossessivi, impedendo alla persona di godersi la vita come vorrebbe. In certi casi, l'ansia potrebbe far percepire eventi quotidiani come situazioni di vita o morte. Può diventare un disturbo e non è un buon posto in cui trovarsi. Fortunatamente,in molti dei casi, c'è sempre una via d'uscita. E uno dei primi passi per trovarla è immergersi nella propria mente e ascoltare ciò che potrebbe cercare di comunicare.

Si tratta di accettare la propria ansia, abbracciarla e capirla. Non c'è vergogna nell'essere ansiosi. Preferirei non doverlo ribadire (perché è ovvio e idealmente non dovrebbe avere bisogno di alcuna conferma), ma purtroppo, a causa del modo in cui questo sentimento può essere minimizzato e/o stigmatizzato, è importante far sapere a tutti coloro che sperimentano ansia che non sono soli e che accettandola la supereranno . Allo stesso modo, è importante far sapere agli altri che non dovrebbero sottovalutare il dolore delle persone con disturbi d'ansia. Peggio ancora, non dovrebbero stigmatizzare le persone ansiose dicendo...

"stai esagerando" o "sei così ossessivo-compulsivo", che spesso vengono usate senza una piena comprensione del problema o senza considerare l'effetto che possono avere. Questo libro si propone di illuminare un tema molto importante, ma ho scelto di mantenere il testo breve e conciso per evitare di sovraccaricarti di informazioni e introdurti in questo vasto argomento, un passo alla volta.

Il mio obiettivo con questo libro è mostrarti come l'ansia può invadere la tua vita in modo subdolo, senza che te ne accorga. Voglio aiutarti a guardarti allo specchio in modo onesto, ma anche darti strumenti per diventare la migliore versione di te stesso, perché credo che tu abbia il potenziale per farlo.

Nel corso del libro, esploreremo sette modi in cui l'ansia può influenzare la tua vita, tra cui: pensieri ossessivi, mancanza di autostima, fobie, ansia sul lavoro, ansia sociale, disturbi alimentari e insonnia. Inoltre, ti offro una guida per trovare il tuo percorso verso la soluzione.

In sintesi, questo libro è un viaggio alla scoperta dell'ansia e di come superarla, ma in modo accessibile e graduale.

Ti do' il mio più caloroso benvenuto a questo libro intitolato "7 modi per gestire e affrontare l'Ansia" Sono stato gratificato nell'elaborazione di questo significativo libro e spero che tu possa trarre dei benefici dalla sua lettura.

Antonello Arundelli

Capitolo 1

Ipercriticismo e idee ossessive.

Hai mai sperimentato un pensiero improvviso e invadente che sembrava provenire dal nulla, non correlato a ciò a cui stavi pensando in quel momento? Se sei come la maggior parte delle persone, probabilmente l'hai fatto.

È comune rimanere intrappolati in un ciclo di pensieri eccessivi e questa può diventare la norma a meno che tu non lavori intenzionalmente per ridurli. Occasionalmente,tutti noi ne abbiamo,solitamente passeggeri che sembrano al di fuori del nostro controllo.

Tuttavia, quando essi iniziano a prendere il sopravvento, possono diventare un problema cronico. Questo perché il pensiero eccessivo attiva le stesse parti del cervello coinvolte nella paura e nell'ansia, che secondo gli psicologi possono portare a seri problemi.

Il modo in cui il nostro cervello reagisce all'ansia

I nostri pensieri possono avere effetti fisici sul nostro corpo. Quando i nostri corpi provano ansia, attivano la risposta di fuga o lotta e rilasciano ormoni dello stress nel nostro flusso sanguigno. Se questi ormoni non vengono affrontati rapidamente, possono portare a sintomi come battito cardiaco accelerato, mal di testa, nausea, sudorazione, tensione muscolare, balbuzie e tremori. Nel tempo, se non affrontati, questi ormoni indeboliscono il nostro sistema immunitario e ci rendono suscettibili a varie malattie.

Per alcune persone, i pensieri intrusivi fanno parte della loro routine quotidiana e possono scatenare episodi di intensa ansia e panico. Questi pensieri possono anche essere il risultato dell'ansia stessa, aggiungendosi alla paura e allo stress che la persona sta già vivendo, e potrebbero travolgere la persona facendo in modo che sia ossessionata da loro. Ad esempio, immagina di avere un compito semplice e diretto davanti a te.

Probabilmente lo hai già fatto in passato. Ma i pensieri nella tua testa potrebbero sovraccaricarti con informazioni e possibilità infinite, molte delle quali superflue e indesiderate. "E se dovesse accadere qualcosa di sconosciuto, cosa potrebbe essere e sarò in grado di gestirlo?" "E se non riesco a farcela, se fallisco, cosa penseranno gli altri di me?" "E se avessi un attacco di panico mentre sto facendo questo compito?"

Questi pensieri sono molto reali e possono mettere la persona che li sperimenta in uno stato di agitazione, talvolta portandola ad abbandonare il compito. A volte, possono sembrare fuori dal nostro controllo. Il loro contenuto potrebbe sembrare sconosciuto, improbabile, bizzarro e persino ostile. Poiché sembrano così radicali, ritornano più volte a tormentarci, scatenando sentimenti di colpa, disgusto, angoscia, disperazione e impotenza.

Questa combinazione letale di colpa e paura può far sentire la persona meno degna, costringendola a essere ritirata e segreta riguardo alla sua condizione. Più si cerca di evitarle, più tornano con forza. Più si cerca di argomentare con esse, più diventano veementi. Può sembrare un circolo vizioso senza via di fuga, ma non lo è. In realtà ci sono diversi modi per raggiungere uno stato mentale più tranquillo e sereno.

Accetta che questi pensieri sono automatici e possono arrivare e andare a loro piacimento. Non evitarli.
Ricorda che sono pensieri invadenti e insignificanti che non ti definiscono né diventano parte di te.
Credi che anche questo periodo passerà. Datti del tempo.
Aspettati che essi ritornino di nuovo.
Ricordati che sei al di sopra di loro e sarai preparato a gestirli quando ritornano.
Continua con i tuoi compiti, concentrati nel farli bene. Sii consapevole dell'ansia, ma non ti attaccare ad essa o impegnartici. I compiti potrebbero aiutarti a raggiungere questo obiettivo.

Bassa autostima
preoccupazione di essere rifiutati

È una sensazione incredibilmente spiacevole essere in disaccordo con se stessi e con le strutture che compongono la propria vita. Nonostante sappia nel profondo che non dovresti sentirti così e che non c'è una ragione razionale per questo, la sensazione persiste.

I sintomi fisici dell'ansia sono travolgenti e sempre presenti. C'è un costante senso di disagio, con il pianto e l'isolamento fin troppo comuni. La costrizione al petto rende difficile la respirazione e porta alla nausea. Gli attacchi di panico sono frequenti e lasciano l'individuo con una sensazione di stordimento e vertigini, con persino dolori muscolari. Nel peggiore dei casi, la mente si disconnette dai sintomi fisici, lasciando l'individuo intorpidito e impotente.

In seguito, c'è un senso di stanchezza e vergogna, con la persona che sa che è successo qualcosa ma si sente incapace di controllare la situazione.

Nonostante i molti modi in cui l'ansia può manifestarsi, le espressioni di coloro che la sperimentano toccano a malapena il profondo trauma emotivo che sopportano. Non c'è da meravigliarsi che le persone che soffrono di disturbo d'ansia generalizzato (GAD) spesso sperimentino una significativa mancanza di autostima. Ciò è dovuto in parte alla natura travolgente dei loro pensieri ed emozioni, che possono renderli particolarmente suscettibili a questi sentimenti negativi. Di conseguenza, potrebbero trovarsi costantemente a chiedersi se hanno reso evidente la loro ansia agli altri e a preoccuparsi di ciò che le persone potrebbero pensare di loro, portando infine a un senso di disperazione.

Purtroppo, che lo riconosciamo o no, viviamo in una società altamente critica, in cui gli individui tendono ad accettare solo ciò che preferiscono credere, piuttosto che ciò che è fattuale. Le persone hanno la tendenza a percepire, speculare, giudicare e classificare gli altri frettolosamente, spesso in base ai loro incontri iniziali e reazioni istintive. Di conseguenza, se riesci a fare una buona impressione su qualcuno nei primi minuti della tua interazione, ti considereranno significativo e di conseguenza meritevole della loro attenzione, ma se non lo fai, ti etichetteranno rapidamente come insignificante e senza valore.

Ancora una volta, nonostante i nostri tentativi di negarlo, viviamo in una società che promuove e perpetua una cultura del giudizio e delle rapide valutazioni degli altri. Tutti desideriamo sentirci accettati, amati e apprezzati e, sfortunatamente, spesso cerchiamo queste cose esternamente piuttosto che internamente. Ciò è particolarmente impegnativo per le persone con ansia, che possono avere difficoltà a sentirsi sicure nell'esprimersi e nell'agire. A causa della costante risposta allo stress innescata dai loro pensieri ansiosi, questi individui possono sentirsi sopraffatti e a disagio anche quando tentano di essere qualcuno che non sono.

È comune per le persone che soffrono di ansia provare un'intensificata mancanza di fiducia e certezza, con conseguente aumento dei livelli di stress. Potrebbero sentire il bisogno di ritirarsi e isolarsi da ciò che li circonda nel tentativo di trovare la pace dal tumulto interiore. Questo può fargli sentire una perdita di autostima e un senso di distacco dalla società.

È importante riconoscere che se provi questi sentimenti, non sei solo. C'è speranza e un percorso per sentirsi meglio.

Per superare la sfida della bassa autostima e dell'ansia, è importante stabilire una forte connessione con te stesso e il mondo che ti circonda. Come suggerito da Steve Bull, il nervosismo e le farfalle sono naturali, ma è necessario allinearli per avere successo. Inizia parlando con te stesso e riflettendo sulle tue esperienze. L'inserimento nel diario può essere un modo efficace per esplorare le tue emozioni e scoprire quali lezioni potresti perdere. È anche essenziale affrontare i tuoi demoni interiori e considerarli dalla prospettiva di un estraneo. Qual è il loro messaggio e come puoi affrontarlo? Dove ti vedi tra cinque anni e cosa potrebbe trattenerti? Una volta identificati questi ostacoli, lavora per superarli. Con l'autocoscienza e la cura di sé, puoi liberarti dal ciclo di ansia e bassa autostima.

Per costruire un sano rapporto con se stessi e con il mondo esterno, è fondamentale compiere passi consapevoli verso di esso. Le affermazioni verbali possono essere un ottimo strumento per ricordare a se stessi il loro valore e le loro qualità positive. Creare un ambiente amorevole e solidale comunicando con i propri cari può anche fornire un senso di sicurezza e incoraggiamento.

Condividere le proprie lotte con chi è loro vicino e cercare aiuto quando necessario può alleviare il peso dell'ansia. È fondamentale esprimersi liberamente senza la paura del giudizio o del ridicolo, sapendo che ci sono persone che vogliono capire e sostenere. Altrettanto importante è festeggiare le piccole vittorie e congratularsi con se stessi per i progressi compiuti nel cammino verso la crescita personale. Questi passaggi possono aiutare a stabilire una comunicazione forte e sana con se stessi e il mondo esterno, portando a una vita più appagante.

Traumi e Fobie

Immagina questi scenari nei minimi dettagli, prendendoti il tuo tempo e permettendoti di immergerti completamente in ogni situazione. Puoi persino provare a visualizzarli in momenti diversi e annotare le tue esperienze con ciascuno di essi.

Scenario 1: Ti manca poco per tenere il tuo primo discorso pubblico davanti a un vasto pubblico di 500 persone. Ti stai preparando per questo da più di una settimana ormai e ti senti fiducioso. Ma mentre il tempo si avvicina, i dubbi iniziano a insinuarsi. Puoi davvero farlo? Ricorderai tutti i punti importanti? Piacerai al pubblico? Fai un respiro profondo e concentrati sulla preparazione che hai fatto. Tu hai questo.

Scenario 2: stai chattando con i tuoi amici, sorseggiando il tuo caffè e godendoti il momento. All'improvviso, qualcuno tira fuori un argomento che tocca un nervo sensibile dentro di te. Raccoglie ricordi del tuo passato, ricordi che hai nascosto e che pensavi di aver superato. Ma ora stanno riaffiorando e ti senti sopraffatto. Prenditi un momento per radicarti e riconoscere questi sentimenti. Ricorda che va bene provare emozioni e che non è necessario nasconderle agli altri. Puoi fare una pausa e riprendere la conversazione più tardi, quando ti sentirai pronto a parlarne.

La terza circostanza comporta l'utilizzo dell'ascensore in un grattacielo di vetro. L'ascensore è molto elegante e consente di ammirare una vista panoramica dell'ambiente circostante, ma la persona coinvolta preferisce evitare di guardare fuori. È di fondamentale importanza monitorare i segni di ansia come le mani sudate, le palpitazioni e il respiro affannoso durante questa fase di visualizzazione.

Molti di noi provano ansia di fronte a situazioni che si trovano al di fuori della nostra zona di comfort. Queste situazioni possono variare da quelle che abbiamo già menzionato, a qualcosa di più personale e specifico per noi. Tuttavia, tutti noi abbiamo i nostri fattori scatenanti che possono far emergere pensieri indesiderati, paure, traumi e fobie, che possono quindi portare a emozioni represse che sono state soppresse per qualche tempo. Questi fattori scatenanti hanno il potere di sopraffarci senza alcuna ragione immediata o logica e possono facilmente prendere il sopravvento sulle nostre vite se ignorati. Pertanto, se qualcosa di semplice come una conversazione o un compito quotidiano può accendere l'ansia dentro di te, è essenziale non trascurarlo più. Per iniziare il processo di guarigione e reclamare la tua vita, è fondamentale affrontare le tue paure e confrontarti con i demoni che ti hanno trattenuto.

Prima di intraprendere una ricerca di trattamenti per affrontare l'ansia, è essenziale fermarsi e riflettere. Prenditi un momento per esaminare la causa principale della tua situazione ansiosa. Forse è una paura, un trauma o una fobia precedentemente non riconosciuti che non sono stati affrontati per un lungo periodo.

L'ansia non è un sentimento isolato e non possiamo semplicemente metterlo da parte e fingere che non esista. In realtà, è intrecciato con vari altri problemi ed emozioni di cui potremmo anche non essere a conoscenza. Per arrivare alla radice della nostra ansia, è importante prendersi del tempo per riflettere sui nostri pensieri e sentimenti, specialmente quelli che tendiamo a spingere nel nostro subconscio. Scavando inquesti problemi più profondi ed esaminandoli da vicino, potremmo essere in grado di scoprire emozioni e ricordi nascosti che non sapevamo nemmeno ci stessero influenzando. Può essere sorprendente quanta chiarezza e pace possiamo trovare affrontando frontalmente questi fattori scatenanti sottostanti e visualizzandoli sotto una nuova luce.

Prenditi un momento per essere introspettivo e diventare un osservatore dei tuoi pensieri ed emozioni. Riconosci come il tuo corpo reagisce alla situazione che ti provoca ansia. Comprendi che, sebbene la paura possa sembrare molto reale, non sta accadendo nel momento presente. Usa questa come un'opportunità per riformulare la situazione in una luce più positiva e immaginare il risultato che desideri.

L'ansia ha spesso una voce, ma può essere difficile sentirla sopra il rumore delle nostre vite frenetiche. Prenditi il tempo per ascoltarlo e capire cosa sta cercando di dirti. Qual è la causa principale della tua ansia? Quali credenze sottostanti o esperienze passate possono contribuire ad esso? Riconoscendo e affrontando questi fattori, puoi iniziare a guarire e andare avanti.

Situazioni Stressanti

L'esposizione eccessiva e prematura a situazioni stressanti può portare a un effetto dannoso sul benessere di un individuo. La fusione di apprensione e tensione può provocare un impatto ad ampio raggio sulla loro vita quotidiana. Un recente articolo accademico suggerisce che l'insorgenza del disturbo di panico è una manifestazione di queste emozioni negative, che scatena ripetuti attacchi di panico. Questi attacchi sorgono inaspettatamente e l'improvvisa ondata di intenso terrore e paura può indurre la persona a sperimentare sintomi simili a quelli di un attacco di cuore. Il corpo è impreparato a questi episodi imprevisti, rendendoli ancora più scoraggianti. Questi eventi sono genuini e possono accadere sempre e ovunque, lasciando un'impressione duratura sull'individuo.

"L'ambiente professionale non è immune da alcune sfide "

È comunemente riconosciuto che l'attuale cultura del lavoro è ferocemente competitiva, costringendo le persone a esibirsi sotto pressione e controllo incessanti. L'economia globalizzata valorizza il tempo come un bene essenziale, quindi ogni momento conta. Il risultato è un ambiente soffocante, lunghe ore di lavoro e una costante preoccupazione di essere messi in ombra da un collega migliore, più capace e competitivo. L'obbligo di soddisfare queste aspettative, combinato con l'onere delle responsabilità finanziarie, può costringere un individuo a lavorare oltre i propri limiti, spingendolo vicino all'orlo dell'esaurimento.

Il programma compresso delle scadenze lascia poco spazio alle persone per mettere in pausa e raccogliere i propri pensieri. L'intensità della concorrenza è diventata così grande che le persone sono disposte a mettere a repentaglio la propria salute mentale e fisica per mantenere il proprio lavoro, soddisfare gli obblighi finanziari e sostenere le aspettative della società riguardo al proprio tenore di vita.

Anche se è diventato il modo abituale di vivere per noi, ci sono occasioni in cui le circostanze possono sfuggire al controllo. Quando ti sottoponi a periodi prolungati di stress e ansia, può prendere il sopravvento sulle tue emozioni e ostacolare la tua capacità di svolgere efficacemente le tue mansioni lavorative o gestire la tua vita personale.
Uno degli aspetti cruciali del trattamento dei disturbi d'ansia, stress e panico, che spesso si sovrappongono, è quello di esporre l'individuo ai fattori scatenanti che li provocano.

I terapeuti ritengono che esporre gradualmente gli individui alle loro paure sia essenziale per aiutarli a superare la loro ansia. Questo processo è noto come terapia dell'esposizione e comporta un aumento graduale dell'esposizione al fattore scatenante fino a quando l'individuo non prova più ansia. L'obiettivo è aiutare l'individuo a imparare come affrontare i propri fattori scatenanti, piuttosto che evitarli.

La terapia dell'esposizione è spesso utilizzata in combinazione con altre tecniche terapeutiche, come la terapia cognitivo-comportamentale. Quest'ultimo aiuta le persone a identificare i modelli di pensiero negativi e a sostituirli con quelli positivi. Questa combinazione può aiutare le persone a sviluppare nuove capacità di coping e superare i loro disturbi di ansia, stress e panico.

Il primo passo per gestire l'ansia è riconoscere la sua presenza e identificare i suoi schemi scatenanti. È comune che l'ansia sia scatenata da cose apparentemente innocue come un'e-mail che hai inviato, una conversazione che hai avuto, un evento imminente o una piccola preoccupazione. Tuttavia, questi trigger possono causare risposte inaspettate e ostili che possono essere travolgenti.

L'ansia può creare un dialogo interiore negativo che rafforza i sentimenti di fallimento e inadeguatezza, rendendoli difficili da demolire,questi sentimenti negativi destabilizzano.

Quando viene attivata l'ansia, viene attivata la risposta di lotta o fuga della mente, mettendo l'individuo in uno stato di overdrive. Sebbene la mente creda di aiutare l'individuo a sopravvivere, non è consapevole che sta causando più danni che benefici.

Affrontare l'ansia sul posto di lavoro

Sebbene l'ansia possa manifestarsi in qualsiasi contesto, è più probabile che si manifesti sul posto di lavoro a causa dell'aumento dei livelli di competizione e stress che l'accompagnano. Tuttavia, ci sono metodi per invertire questa tendenza. Un modo per farlo è usare affermazioni verbali per rassicurarti. Le affermazioni sono parole che usi intenzionalmente per rafforzare la realtà che desideri, pensando, parlando e credendo in esse.

La nostra mente è sempre alla ricerca di parole potenzianti per rafforzare le idee e i comportamenti che vuole adottare. È probabile che tu abbia già alcune di queste "parole di potere" in prima linea nei tuoi pensieri. Utilizzando affermazioni positive, puoi dare vita ai tuoi sogni e alle tue ambizioni. È essenziale usare un linguaggio assoluto che enfatizzi gli aspetti positivi di una situazione. Ad esempio, dire: "Mi amo e mi sento calmo e fiducioso nella mia mente" può aiutare a combattere il dialogo interiore negativo. "Sono in grado di risolvere rapidamente tutti gli ostacoli che mi si presentano" è un'altra frase eccellente da usare. Puoi anche provare ad affermare che credi in te stesso e nelle tue capacità, ad esempio "Mi fido delle mie capacità e posso realizzare qualsiasi cosa mi venga in mente". Incorporando tali affermazioni,

Raggiungere un sano equilibrio tra lavoro e vita privata è
fondamentale per il tuo benessere generale. È essenziale
dedicare del tempo ad attività e hobby che ti piacciono al di fuori
del lavoro per ricaricarti e mantenere una mentalità positiva. Che
si tratti di trascorrere del tempo di qualità con i propri cari o di
impegnarsi in attività fisiche o creative, è fondamentale dare la
priorità a queste attività nel proprio programma. Trovare tempo
per la cura di sé può aiutarti a
gestire lo stress e prevenire il burnout, che alla fine può avere un
impatto sulla tua produttività nel lavoro. Facendo le cose che
ami, puoi ottenere un senso di appagamento e soddisfazione,
migliorarando la tua salute mentale. È essenziale riconoscere
che la tua vita
personale è importante tanto quanto la tua vita professionale, e
prendersi del tempo per entrambi può aiutarti a raggiungere un
equilibrio stabile. Pianificare periodi regolari di assenza dal
lavoro, inclusi i fine settimana, ti dara' il tempo per ricaricarti.

Affrontare l'ansia sociale

Capit olo 5

L'ansia può essere incredibilmente isolante e dannosa, in quanto può innescare travolgenti sentimenti di paura e insicurezza che rendono le interazioni sociali incredibilmente impegnative. Per gli individui con ansia sociale, l'esperienza di sentirsi giudicati, esaminati o rifiutati può essere particolarmente intensa, anche in situazioni che gli altri possono trovare piacevoli o positive. Sfortunatamente, questo può portare a un ciclo di evitamento e ritiro, poiché le persone con ansia sociale possono sentirsi impotenti a superare la loro ansia e possono iniziare a evitare del tutto le situazioni sociali.

La buona notizia è che ci sono molte strategie e terapie che possono aiutare le persone a far fronte all'ansia sociale. La terapia cognitivo-comportamentale (CBT) è un approccio efficace che può aiutare le persone a identificare e sfidare i modelli di pensiero negativi che sono alla base della loro ansia.

L'ansia sociale, nota anche come fobia sociale, è una condizione complessa e debilitante che può avere un grave impatto sulla fiducia, sulla salute mentale, sullo stile di vita, sul benessere emotivo e sulle relazioni di un individuo. A differenza della timidezza o dell'imbarazzo, l'ansia sociale è un disturbo clinico che richiede un intervento professionale per essere gestito in modo efficace. Mentre i sintomi dell'ansia sociale possono essere inizialmente lievi, possono diventare più pronunciati nel tempo e possono includere sudorazione, tremore, battito cardiaco accelerato e sensazione di nausea o vertigini.

Il disturbo d'ansia sociale può far sentire gli individui particolarmente ansiosi e stressati in una varietà di situazioni sociali, come essere presentati a nuove persone, impegnarsi in conversazioni in cui possono sentirsi criticati o giudicati, iniziare la comunicazione con altri, essere valutati, incontrare persone in posizioni di autorità o rango, interagire con estranei e perseguire relazioni romantiche.

Sebbene non sia un elenco esaustivo, le situazioni menzionate sono tra i più comuni fattori scatenanti dell'ansia sociale. Se ti ritrovi a sentirti riservato, nervoso o ansioso in situazioni sociali come parlare in pubblico, incontrare nuove persone, impegnarsi in conversazioni o mangiare in pubblico, e se i tuoi livelli di ansia aumentano solo anticipando queste situazioni, potresti avere difficoltà con disturbo d'ansia sociale. Fortunatamente, l'ansia sociale è una condizione curabile che può essere superata attraverso una combinazione di cambiamenti dello stile di vita e terapia.

Il Ruolo della Terapia Cognitivo-Comportamentale nella SAD I terapeuti cognitivo-comportamentali (CBT) possono ora offrire un approccio privo di farmaci per affrontare questi problemi. Esistono ormai abbastanza prove che dimostrano come la CBT sia una soluzione affidabile ed efficace per affrontare problemi di ansia e salute mentale. La terapia consente di affrontare le paure e di analizzare le reazioni verso di esse. Si concentra sulla radice del problema senza filtri. Non solo consente di arrivare alla fonte dell'ansia, ma aiuta anche a mantenerla lontana.

Se vuoi superare l'ansia sociale, ci sono vari modi per affrontarla. Un metodo consiste nell'esporsi gradualmente a situazioni sociali che scatenano la tua ansia e cercare di rimanere in quelle situazioni il più a lungo possibile. In questo modo, puoi iniziare a riconoscere che la tua ansia è un prodotto della tua mente che va in overdrive e nient'altro. Mentre continui a rimanere in queste situazioni e vedi che non accade nulla di dannoso, la tua ansia diminuirà gradualmente.

Per superare l'ansia sociale, è importante impegnarsi in attività che sfidano la tua ansia. Affrontando queste sfide e rendendoti conto che non sono così scoraggianti come sembrano, puoi gradualmente superare le tue paure.

Rielaborare l'ansia sociale:

Fai delle pause per riflettere sui tuoi progressi e ricompensati per ogni traguardo che raggiungi.

L'analisi eccessiva e l'autocritica dovrebbero essere sostituite da comportamenti autoaffermativi. Più ti congratuli e dici a te stesso che stai andando bene, più ti sentirai a tuo agio nella tua pelle.

Sviluppa le tue capacità di socializzazione contattando amici e familiari. Informali delle tue preoccupazioni e affidati a loro per il supporto. La socializzazione è stata collegata a tassi di ansia e depressione inferiori e può avere un impatto positivo su di te.

Capitolo 6 - Disturbi Alimentari

È un malinteso comune presumere che lo sviluppo di
un disturbo alimentare sia dovuto esclusivamente al desiderio di raggiungere un tipo di corpo "ideale". Questo ragionamento è eccessivamente semplificato e non riesce ad affrontare la complessa natura dei
disturbi alimentari. In realtà, ci sono una moltitudine di fattori che contribuiscono allo sviluppo di un disturbo alimentare, inclusi fattori biologici e sociali. La National Eating Disorders Association riconosce che la genetica, i tipi di personalità e i fattori ambientali possono tutti svolgere un ruolo nell'insorgenza di un disturbo alimentare. Pertanto, è importante capire che non esiste un'unica causa per i disturbi alimentari e che è necessario un approccio olistico per un trattamento efficace.

Gli studi suggeriscono che alcuni individui hanno una predisposizione genetica che aumenta la loro probabilità di sviluppare un disturbo alimentare. Tuttavia, se combinati con fattori esterni come l'ansia indotta da traumi o un contesto sociale non favorevole, questi individui possono essere spinti a una relazione malsana con il cibo. La bassa autostima, l'ansia e la cattiva salute mentale generale sono spesso i principali motori dei disturbi alimentari, con il desiderio di conformarsi agli standard di bellezza della società che giocano un ruolo secondario.

Identificare se qualcuno sta lottando con le proprie abitudini alimentari può essere difficile per chi non è allenato. La definizione distorta della salute da parte della società, unita al silenzio sui disturbi mentali,spesso porta a ignorare i segnali secondo cui le abitudini alimentari di una persona potrebbero essere qualcosa di più del semplice cibarsi, In effetti, alcuni comportamenti vengono persino elogiati, come una persona che si preoccupa eccessivamente dell'esercizio e del conteggio delle calorie che viene ammirata per la sua disciplina. Allo stesso modo, un tipo schizzinoso è spesso visto come dotato di un palato raffinato. Tuttavia, questa percezione di questi comportamenti è problematica perché i disturbi
alimentari hanno il più alto tasso di mortalità di tutte le malattie mentali. Pertanto, l'identificazione e l'intervento precoci sono fondamentali per aiutare qualcuno a superarli.

Se sospetti che qualcuno possa essere alle prese con un'alimentazione disordinata, ci sono diversi segnali di allarme a cui prestare attenzione. Per esempio:

Potresti notare che la persona è eccessivamente preoccupata per il cibo o mostra poco interesse per esso. Entrambi questi estremi possono essere dannosi per la salute.
La persona può seguire una dieta rigorosa e un regime di esercizio fisico, senza concessioni per le indulgenze.
L'individuo potrebbe essere ossessionato dal proprio peso e dalle dimensioni del proprio corpo, e anche la minima fluttuazione può scatenare un'ansia intensa. Sebbene queste siano alcune delle indicazioni più ovvie, potrebbero essercene altre che non sono così evidenti. Se soffri di ansia che interferisce con la tua capacità di mantenere un rapporto sano con il cibo, è fondamentale fare un passo indietro e affrontare questi problemi.

Il ruolo della nutrizione nella gestione dei sintomi di ansia

La tua dieta può avere un impatto significativo sul modo in cui provi i sintomi dell'ansia. Fare scelte alimentari sane può fare la differenza tra una giornata piena di stress e una con un senso di calma. Gli esperti raccomandano le seguenti linee guida:

Mangia pasti piccoli e regolari durante il giorno
Scegli cereali integrali e carboidrati sani invece di cereali trasformati e carboidrati complessi
Evita lo zucchero raffinato, i dolcificanti artificiali, i cibi in scatola o confezionati
Sostituisci le bevande ricche di caffeina con tisane
Limita o evita l'alcol
Prendi multivitaminici quotidiani
Incorpora cibi ricchi di acidi grassi omega-3, come noci, semi e pesce d'acqua fredda
Mangia probiotici e cibi fermentati
Rimani ben idratato
Seguendo questi consigli, puoi aiutare a gestire i sintomi dell'ansia e migliorare il tuo benessere generale.

l'esercizio come metodo per trattare l'ansia

Se stai lottando con l'ansia, incorporare un regolare esercizio fisico nella tua routine quotidiana può aiutarti ad alleviare i fattori scatenanti. Impegnarsi nell'attività fisica ha dimostrato di essere efficace nel ridurre i sintomi dell'ansia rilasciando endorfine, stimolatori naturali dell'umore del corpo. L'esercizio fisico regolare aiuta anche a ridurre la tensione muscolare, che può contribuire all'ansia. Inoltre, questa pratica aiuta a migliorare la qualità del sonno, che è fondamentale per gestire l'ansia. Trovare una routine di esercizi che ti piaccia è importante per assicurarti di seguirla. Che si tratti di jogging, nuoto, yoga o danza, qualsiasi forma di attività fisica può essere utile per gestire l'ansia. È importante iniziare lentamente e aumentare gradualmente l'intensità e la durata dei tuoi allenamenti. La coerenza è fondamentale, quindi cerca di allenarti almeno 30 minuti al giorno, cinque giorni alla settimana.

Insieme all'esercizio tradizionale, incorporare tecniche di yoga, respirazione e meditazione può ridurre efficacemente i sintomi dell'ansia. Il Tai Chi è un'altra attività che può aiutare a ridurre lo stress e migliorare l'umore, oltre ad abbassare la pressione sanguigna. Impegnarsi in esercizi aerobici generali, come correre, andare in bicicletta, nuotare o camminare, può anche essere utile nel controllare i sintomi generali dell'ansia.

L'impatto dell'ansia sul dormire

Capitolo7

Ansia e disturbi del sonno sono fortemente interconnessi. Gli individui con insonnia sono più inclini all'ansia rispetto a quelli che dormono bene, influenzando in modo significativo lo stato emotivo e le funzioni cognitive di una persona. È noto che l'ansia causa problemi come,la riduzione della quantità di sonno profondo necessaria al corpo per riprendersi durante la notte. Un trattamento adeguato dell'ansia può migliorare il sonno e un sonno adeguato può aiutare ad alleviare i sintomi dell'ansia.

Questa pericolosa combinazione di ansia e
disturbi del sonno è prevalente in una parte
significativa della popolazione italiana. Ben il 60%
degl'italiani riferisce che l'ansia e lo stress hanno
influito in modo
significativo sulla qualità del sonno, portandoli a
rimanere svegli di notte almeno una volta al
mese.Una sfida comune affrontata dalle persone
che cercano di addormentarsi,nonostante ci si
senta esausti durante il giorno,la
mente continua a correre di notte,riportando
ricordi del passato e punti dolenti, provocando un
aumento dei livelli di ansia e impedendo un buon
riposo notturno. Di conseguenza, ansia e disturbi
del sonno continuano ad alimentarsi a vicenda,
perpetuando un ciclo di insonnia e disagio
emotivo.

Se sei alle prese con ansia, depressione, stress finanziario o
qualsiasi altro tumulto emotivo o fisico, è molto probabile che
il tuo riposo venga interrotto. I cattivi schemi possono
essere una bandiera rossa per l'ansia. Se ti stai chiedendo
se la tua ansia stia causando questo tipo di disagio, fai
attenzione ai seguenti segni: difficoltà ad addormentarti o a
mantenere il sonno, affaticamento
durante il giorno, disagio fisico come dolori articolari o
muscolari, difficoltà respiratorie, irrequietezza, palmi sudati,
petto stretto,o intorpidimento durante il tentativo di dormire.
Potresti anche avere difficoltà a prestare attenzione,
diventare facilmente irritabile. Questi sono tutti segnali di
avvertimento che la responsabile di tutto cio' sia proprio lei.

Stabilire una routine notturna che promuova il rilassamento e distrazioni positive può aiutare in modo significativo nella gestione dei disturbi del sonno indotti dall'ansia. Concentrarsi continuamente sull'incapacità di addormentarsi può esacerbare il problema e creare più ansia. Invece, crea una routine che incorpori immagini sensoriali per calmare e distrarre la mente. Ad esempio, visualizza una calda giornata estiva in spiaggia e concentrati sulle sensazioni dell'acqua: il suo tocco, il suono e persino il gusto. Impegnarsi in tali immagini sensoriali può aiutare a spostare la mente in uno stato più pacifico, riducendo i pensieri ansiosi e, in ultima analisi, migliorando la qualità del sonno. Quando la mente è calma, è meno probabile che continui a correre e una buona notte di sonno è più raggiungibile.

Quando si ha a che fare con l'ansia, è normale che la mente lotti con il sonno e l'insonnia. Le insicurezze e le paure di essere giudicati, isolati o ridicolizzati possono causare stress e peggiorare la situazione.Tuttavia, è possibile allenare la tua mente ad essere più consapevole dei suoi pensieri e raggiungere uno stato di calma. Una tecnica che può aiutarti è praticare la meditazione, che può essere eseguita come parte della routine notturna. Potrebbero volerci tempo e pratica, ma col tempo avrai il controllo sui tuoi pensieri negativi. Inoltre, incorporare altre tecniche di rilassamento, come lo stretching delicato o l'aromaterapia, può anche aiutarti a rilassarti e ottenere un riposo qualitativamente migliore.

Un'altra tecnica efficace è il rilassamento muscolare progressivo, che prevede la tensione e il rilascio di diversi gruppi muscolari del corpo per ridurre la tensione fisica e favorire il rilassamento. Puoi fare questo esercizio mentre sei sdraiato, seduto o in piedi. Inizia tendendo i muscoli dei piedi, poi spostati gradualmente su gambe, stomaco, braccia e viso, tendendo e rilasciando ciascun gruppo muscolare per circa 5-10 secondi.

Infine, incorpora altre tecniche come leggere un libro, fare un bagno caldo o ascoltare musica, cosi' facendo puoi allenare il tuo corpo e la tua mente a prepararsi per un sonno ristoratore. Con la pratica e la tenacia, puoi superare l'ansia e goderti una notte di sonno tranquillo.

La pratica di concentrarsi sul proprio respiro può avere un forte impatto sulla salute mentale e sul benessere generale. Portando la tua attenzione sui tuoi schemi respiratori, puoi imparare a calmare i tuoi pensieri e le tue emozioni, permettendoti di superare i fattori di stress e le esperienze negative.

La respirazione consapevole implica prestare attenzione alle sensazioni fisiche del tuo respiro mentre entra ed esce dal tuo corpo. Puoi iniziare trovando una posizione comoda, che sia seduta o sdraiata. Quindi, porta semplicemente la tua consapevolezza al tuo respiro, notando il modo in cui si sente mentre fluisce dentro e fuori dal tuo corpo.

Conclusioni

L'ansia può influenzare ogni aspetto della nostra vita, dal lavoro alle relazioni e persino alla nostra salute fisica e mentale. È essenziale riconoscere i segni dell'ansia e adottare misure per gestirla in modo efficace. Potrebbe essere difficile cambiare le vecchie abitudini, ma non è impossibile. Il primo passo è capire che le tue scelte possono fare la differenza nella tua vita.

Ricorda, il progresso non è sempre lineare e le battute d'arresto sono normali. L'importante è rimanere concentrati sui tuoi obiettivi e affrontarli un giorno alla volta.

È essenziale tenere presente che esistono soluzioni a qualsiasi emozione negativa causata dall'ansia. Non devi soffrire da solo o in silenzio. Milioni di persone in tutto il mondo affrontano l'ansia e hanno trovato diversi metodi per gestirne e attenuarne gli effetti. Pertanto, è importante cercare supporto e non isolarsi. Contatta i tuoi cari, amici o professionisti e condividi i tuoi sentimenti e le tue lotte. Aprirsi e condividere i propri pensieri è il primo passo verso la guarigione e il superamento dell'ansia.

Indice

Considerazioni dell'Autore

In questi sette capitoli, ho cercato di offrire un'ampia panoramica sull'ansia e sui modi in cui essa può manifestarsi nelle nostre vite. Nel primo capitolo, ho affrontato il tema dell'Ipercritismo 'e delle idee ossessive, mettendo in evidenza come questo atteggiamento mentale possa portare a uno stato di ansia costante. Nel secondo capitolo, ho discusso della bassa autostima e di come questa possa alimentare l'ansia, impedendoci di affrontare le sfide della vita con la giusta sicurezza in noi stessi.

Nel terzo capitolo, mi sono conc entrato sui traumi e sulle fobie, sottolineando l'importanza di affrontare questi problemi con il giusto supporto professionale per evitare che l'ansia possa diventare una presenza costante nella nostra vita. Nel quarto capitolo, ho esplorato come situazioni stressanti come il lavoro, le relazioni o la salute possano scatenare l'ansia e come possiamo affrontare queste situazioni per ridurre i livelli di stress. Nel quinto capitolo, ho affrontato l'ansia sociale, un tipo di ansia che si manifesta in situazioni sociali come parlare in pubblico o incontrare nuove persone. Ho offerto dei suggerimenti su come affrontare queste situazioni e gestire l'ansia sociale in modo efficace. Nel sesto capitolo, ho discusso dei disturbi alimentari e del loro legame con l'ansia, offrendo consigli pratici per affrontare questi problemi.

Infine, nel settimo capitolo, ho e saminato l'impatto dell'ansia sul sonno e come l'insonnia possa peggiorare i sintomi dell'ansia stessa. Ho fornito consigli su come migliorare la qualità del sonno e ridurre i livelli di ansia.

Ho fornito una panoramica co mpleta sull'ansia e come può manifestarsi nella vita delle persone. Spero che questi capitoli aiutino i lettori a comprendere e affrontare meglio la loro ansia.

Antonell o Arundelli

le note del lettore

Le mie osservazioni

Le mie osservazioni

Le mie osservazioni

Le mie osservazioni

Le mie osservazioni

Le mie osservazioni

Le mie osservazioni

Le mie osservazioni

Le mie osservazioni

Le mie osservazioni

Le mie osservazioni

Le mie osservazioni

Le mie osservazioni

Le mie osservazioni

Le mie osservazioni

Le mie osservazioni

Le mie osservazioni

Le mie osservazioni

Le mie osservazioni

Le mie osservazioni

Le mie osservazioni

Le mie osservazioni

www.ingramcontent.com/pod-product-compliance
Lightning Source LLC
Chambersburg PA
CBHW061243250726

48662CB00018B/662